ÍNDICE

INTRODUCCIÓN

Éste es el último libro de la Colección Java. Una colección pensada para aprender este lenguaje de una manera natural, progresiva y gradual sin desbordar al lector.

Este cuarto volumen equivale a la guinda del pastel. Son conocimientos que precisan de todo lo que se ha aprendido anteriormente y que llevan a la excelencia como programador de Java.

Por supuesto, no se ha visto todo el lenguaje porque es prácticamente infinito pero sí será posible abordar cualquier reto por complicado que parezca.

A QUIEN VA DIRIGIDO ESTE LIBRO

Este libro está dirigido a aquellas personas que ya tengan unos conocimientos más o menos sólidos de programación en Java. Al ser el último libro de una colección , da por asimilados los conocimientos de los tres anteriores, es decir, nivel básico de programación, programación orientada a objetos e interfaces gráficos con Swing.

COMO USAR ESTE LIBRO

Al tratarse de programación, deberemos llevar nuestros conocimientos al ordenador rápidamente para fijar conceptos y entender como funciona. Necesitaremos pués un entorno de desarrollo. Se ha elegido NetBeans pero a este nivel puedes usar el que más te acople.

Se deben compilar todos los ejemplos que aparecen en el libro y una vez probados, ensayar todas aquellas variaciones sobre las que se tengan dudas. Es un trabajo muy importante que proporciona grandes conocimientos y mucha seguridad en las tareas propias.

Todos los programas y ejercicios se han comprobado por el autor con el IDE Apache NetBeans 15 bajo Windows 11.

CONTROL DE EXCEPCIONES

Capítulo 1

Un problema fundamental cuando recogemos datos del exterior es el tipo de esos datos. En el momento en que se esperen, por ejemplo caracteres, pero bien el usuario, o bien una fuente externa, nos suministre cifras numéricas, el error está servido.

La idea detrás del manejo de errores es conseguir que el programa continue funcionando de una forma correcta, o que, al menos, termine adecuamente, informando sobre el error.

1.1 El bloque try - catch - finally

Consideremos el siguiente programa básico de entrada de datos.

```
import java.io.IOException;

import java.io.BufferedReader;

import java.io.InputStreamReader;

public class Errores {

    public static void main(String[] args) throws IOException{

        BufferedReader input = new BufferedReader(

                new InputStreamReader(System.in));
```

```
System.out.print("Insert your user name: ");

name = input.readLine();

System.out.print("Insert your document number: ");

ID = Integer.parseInt(input.readLine());

System.out.println("\nYour data is:\n"

    + "\tUser: " + name

    + "\tID: " + ID +"\n");

    }

private static String name;

private static int ID;

}
```

Ya de entrada el compilador nos obliga a introducir la cláusula **throws**:

```
throws IOException
```

que veremos más adelante.

Si el usuario introduce sus datos sin errores, el programa funcionará a la perfección. Pero en el momento en que aparezca un carácter no numérico como parte del documento nos saldrá en el compilador una enorme lista de errores muy interesante y el programa no terminará de forma controlada.

Compila el programa anterior y comprueba el buen y el mal funcionamiento. No lo borres porque lo modificaremos.

La cláusula **try** controlará la posibilidad de un error, en la entrada de datos en nuestro caso, pero podría ser de cualquier otro tipo. Si la excepción se materializa, actuará **catch**, captando la información del error y ejecutando el código adecuado de manejo. En último término actuará siempre el bloque **finally**, que no es obligatorio ponerlo. Una de sus funciones más importantes es cerrar archivos que hayan podido quedar abiertos. Veremos la gestión de archivos más adelante.

No es difícil insertar estos bloques. En nuestro programa quedaría de la siguiente manera:

```java
import java.io.BufferedReader;

import java.io.IOException;

import java.io.InputStreamReader;

public class Errores {

   public static void main(String[] args) {

      BufferedReader input = new BufferedReader(new
                       InputStreamReader(System.in));

      try{

         System.out.print("Insert your user name: ");

         name = input.readLine();

         System.out.print("\nInsert your document number: ");

         ID = Integer.parseInt(input.readLine());

      }
```

```java
        catch(Exception e){

            System.out.println("Error found!!!! " + e);

        }

        finally{

            System.out.println("\nYour data is:\n"

                + "\tUser: " + name

                + "\tID: " + ID +"\n");

        }

    }

    private static String name;

    private static int ID;

}
```

Compila y comprueba de nuevo el programa. Verás que ahora se mantiene bajo control hasta con datos erróneos.

Estos bloques pueden anidarse y también pueden añadirse varios bloques **catch** consecutivos, cuando se necesite capturar muchas excepciones. Desde la versión Java SE 7, es posible realizar **multicatch**, es decir, en un solo bloque **catch**, poner los diferentes tipos de excecpiones a capturar separados por el carácter pipe o barra vertical (**|**)

```java
    catch ( tipo1 | tipo 2 | tipo3  e  ) {   captura  }
```

1.2 Propagación de excepciones

En el primer programa del apartado anterior, al pedir datos del flujo de entrada, el compilador nos obligaba a, por lo menos, pasar la excepción mediante la cláusula **throws**. Acción que no vale para mucho en la clase principal, puesto que el programa se sigue cayendo. Sin embargo, es interesante cuando otro método puede coger la excepción.

La técnica de progragación de excepciones consiste en enviar la excepción hacia el método desde el cual se realizó la invocación para que sea allí donde se capture.

La siguiente modificación de nuestro programa muestra como implementar esta propagación.

```
import java.io.BufferedReader;

import java.io.IOException;

import java.io.InputStreamReader;

public class Errores {

   public static void main(String[] args) {

     BufferedReader input = new BufferedReader(new
                         InputStreamReader(System.in));

     System.out.print("Insert your user name: ");

     try{

       name = input.readLine();

       System.out.print("\nInsert your document number: ");
```

```
        setID(input);
    }
    catch(Exception e){
        System.out.println("Error found!!!! " + e);
    }
    finally{
        System.out.println("\nYour data are:\n"
            + "\tUser: " + name
            + "\tID: " + ID +"\n");
    }
}
public static void setID (BufferedReader input)throws
                                        IOException{
    ID = Integer.parseInt(input.readLine());
}
private static String name;
private static int ID;
}
```

La salida del programa será la misma, pero ahora hemos propagado la excepción desde el método **setID()**.

1.3 Lanzamiento de excepciones

También nuestro programa puede localizar errores y lanzar excepciones mediante la cláusula **throw**, diferente de throws. Pensemos, por ejemplo, que el documento de identificación deba tener 6 cifras exáctamente. Se puede lanzar una excepción para declarar esta situación. Veamoslo.

```java
import java.io.BufferedReader;

import java.io.IOException;

import java.io.InputStreamReader;

public class Errores {

  public static void main(String[] args) {

    BufferedReader input = new BufferedReader(new

    InputStreamReader(System.in));

    System.out.print("Insert your user name: ");

    try{

      name = input.readLine();

      System.out.print("\nInsert your document number: ");

      setID(Integer.parseInt(input.readLine()));

    }

    catch(Exception e){
```

```java
        System.out.println("Error found!!!! " + e);
    }
    finally{
        System.out.println("\nYour data are:\n"
            + "\tUser: " + name
            + "\tID: " + ID +"\n");
    }
}
public static void setID (int id){
    if( ID < 100000 || ID >999999 )
        throw new NumberFormatException("The document
                            doesn't have 6 digits");
    else
        ID = id;
}
private static String name;
private static int ID;
}
```

Compila el programa y comprueba que lanza una excepción cuando se introduce un carácter no numérico y cuando no tiene seis cifras.

1.4 Clases de excepción propias

Ya existen multitud de excepciones que podemos encontrar en la API de Java:

https://docs.oracle.com/javase/7/docs/api/java/lang/Exception.html

Sin embargo, es posible crear nuestra propia clase de excepción particular para las características de nuestro programa, para controlar todos aquellos aspectos que deban ser tenidos en cuenta en el manejo de los datos. En este caso nuestra clase deberá heredar de la clase **Exception**, **RuntimeException** o de cualquiera de sus subclases.

En el ejemplo que sigue se ha creado un nuevo tipo de clase de excepción que se ha llamado **DocumentNumberException**, que controla que el número de documento tenga 6 cifras, es decir, la misma función que con el apartado 1.3.

```java
import java.io.BufferedReader;

import java.io.IOException;

import java.io.InputStreamReader;

public class Errores {

  public static void main(String[] args) {

    BufferedReader input = new BufferedReader(new
                       InputStreamReader(System.in));

    try{

      System.out.print("Insert your user name: ");
```

```java
        name = input.readLine();

        System.out.print("\nInsert your document number: ");

        setID(Integer.parseInt(input.readLine()));

    }

    catch(Exception e){

        System.out.println("Error found!!!! " + e);

    }

    finally{

        System.out.println("\nYour data are:\n"

            +  "\tUser: " + name

            + "\tID: " + ID +"\n");

    }

}


public static void setID (int id)throws
                            DocumentNumberException{

    if( id < 100000 || id >999999 )

        throw new DocumentNumberException("The document
                            doesn't have 6 digits");

    else
```

```
        ID = id;
    }
    private static String name;
    private static int ID;
}


class DocumentNumberException extends Exception{
    public DocumentNumberException(String message){
        super(message);
    }
}
```

1.5 Ejercicios

Modifica el último programa del apartado 1.1, el que ya tiene un bloque try-catch-finally, creando una nueva clase de excepción que llamaremos **WrongFormatException** y que debe controlar que el nombre de usuario esté comprendido entre 4 y 10 caracteres. También controlará que el número de identificación, además de la extensión de 6 cifras, no sea ni par ni número primo como por ejemplo 225367. Como primo e impar para comprobar podemos tomar 225767.

MANEJANDO FICHEROS
Capítulo 2

Los ficheros forman parte de lo que se conoce como *datos persistentes,* es decir, que se mantienen una vez que la aplicación que los usa se ha cerrado. Se suelen emplear dos tipos de ficheros, de texto y binarios. Cada uno tiene sus instrucciones particulares.

El envío de datos hacia el exterior, como la pantalla o un archivo y desde el exterior hacia la aplicación como desde el teclado o un archivo, se realiza mediante el control por flujos o streams. Existen tres flujos predeterminados:

- System.out

- System.in

- System.err

Otro aspecto importante a tener en cuenta es la **serialización**, mediante la cual puede almacenarse la información de un objeto en un fichero, transformándola a un conjunto de bytes.

2.1 Ficheros de texto

La lectura y escritura de ficheros de texto se lleva a cabo mediante las clases **Reader** y **Writer**. Sin embargo son clases abstractas, en las que deberíamos sobreescribir algunos métodos. Es mejor usar las subclases **FileReader** y **FileWriter**. Para realizar operaciones sobre los archivos es necesario:

1. Crear el flujo o stream.

2. Ejecutar las operaciones deseadas.

3. Cerrar el stream.

Veamos un ejemplo simple a continuación.

```
import java.io.*;
public class ESTexto {
  public static void main(String[] args){
    try{
      //========= WRITING ============
      FileWriter saver = new FileWriter(
          "C:\\Users\\clint\\Desktop\\estext.txt");
      saver.write("Writing a phrase.");
      saver.append("To be, or not to be, that is the question.");
      saver.close();
```

```
//========== READING ==============
FileReader reader = new FileReader(
    "C:\\Users\\clint\\Desktop\\estext.txt");
int character = reader.read();
while(character != -1){
    System.out.print((char)character);
    character = reader.read();
}
System.out.println("");
reader.close();
}
catch(IOException e){
    e.printStackTrace();
}
}
}
```

Para la escritura de texto se crea el stream mediante un objeto del tipo FileWriter, al que le es proporcionada una ruta al archivo **estext.txt**, en nuestro caso, al escritorio del usuario. La separación entre directorios puede usar indistintamente la barra (slash) o la barra inversa (backslash), sin embargo, en este último caso debe ser doble, pués el backslash se usa también para los caracteres de escape. Si el fichero no existe, lo creará.

Se emplean dos métodos para escribir, **writer**(), que borrará el archivo completo, escribiendo su argumento y **append**() que añadirá su argumento a continuación del texto existente en el archivo.

El final de las operaciones de escritura debe terminar cerrando el stream con el método **close**().

La lectura, mediante un objeto FileReader, la realiza carácter a carácter el método **read**(), que indicará mediante '**-1**' que se ha llegado al fin del archivo, implementado aquí con un bucle **while**. Sin embargo, este método devuelve datos de tipo **int** que corresponderán con los valores ASCII o Unicode prefijados. Es por ello que se debe hacer un casting a **char** para obtener el texto inicial:

System.out.print ((char) character);

Las operaciones de lectura terminarán también con el método **close**(). Es necesario cerrar los streams para evitar la corrupión de archivos y liberar los recursos del equipo.

El ejemplo anterior tiene el inconveniente de que funciona precisamente carácter a carácter y eso significa que en ficheros grandes, de cientos o miles de líneas este código no es eficiente. En estos casos es necesario usar un **buffer** intermedio, que no es más que un espacio de memoria, entre el archivo y la aplicación. Necesitaremos completar nuestro programa con las clases **BufferedReader** y **BufferedWriter**.

```java
import java.io.*;
public class ESText {
    public static void main(String[] args){
        try{

            //========== WRITING =============
            FileWriter saver = new FileWriter(
                "C:\\Users\\clint\\Desktop\\estext.txt");
            BufferedWriter out = new BufferedWriter(saver);
            out.write("Writing a phrase.");
            out.append("To be, or not to be, that is the question.");
            out.close();

            //========== READING ==============
            FileReader reader = new FileReader(
                "C:/Users/clint/Desktop/estext.txt");
            BufferedReader in = new BufferedReader(reader);
            line = in.readLine();
            while(line != null){
                System.out.println(line);
```

17

```
        line = in.readLine();

    }

    in.close();

}

catch(IOException e){

    e.printStackTrace();

}

}

static String line;

}
```

Ahora, tanto la lectura como la escritura se hacen línea a línea, usando el método **readLine**(), pasando por el buffer, lo que hará nuestro programa mucho más eficiente.

2.2 Ficheros de bytes

Cualquier fichero es susceptible de ser convertido a bytes y por tanto, de ser copiado y guardado en la misma o en otra ubicación. A nivel de byte, Java dispone de las clases **FileInputStream** y **FileOutputStream**. En el caso de querer usar un buffer, las clases anteriores deben estar envueltas por **BufferedInputStream** y **BufferedOutputStream**, respectivamente. Para el siguiente ejemplo deberá guardarse una foto el escritorio, con el nombre **picture.jpg**. Nuestro programa leerá este archivo y luego creará una copia del mismo, llamada **picture_copy.jpg**, en la misma ubicación. Si las abrimos con el visor de fotos, ambas deben ser exáctamente iguales.

```
import java.io.*;

public class ESBytes {

   public static void main(String[] args){

      try {

         //===========> READING <===========||

         FileInputStream farReader = new FileInputStream(

                     "C:/Users/clint/Desktop/picture.jpg");

         BufferedInputStream reader = new
                           BufferedInputStream(farReader);

         length = reader.available();

         array = new int[length];
```

```
    for(int i = 0; i<length;i++){

        array[i] = reader.read();

    }

    reader.close();

    //============> WRITING <===========||

    BufferedOutputStream writer = new
                                BufferedOutputStream(

                                new FileOutputStream(

            "C:/Users/clint/Desktop/picture_copy.jpg"));

    for (int i = 0; i<length; i++){

        writer.write(array[i]);

    }

    writer.close();

}
catch (IOException e) {

    e.printStackTrace();

}
finally{

    System.out.println("Copy finished succesfully ");

}
```

```
}

	private static int length;

	private static int [] array;

}
```

El método **available()** de BufferedInputStream nos proporciona la extensión en bytes del archivo que se guarda en la variable **length**. Con este dato, se crea el vector **array** que contendrá todos los bytes del archivo **picture.jpg**. La información contenida en el vector se empleará para crear el nuevo archivo **picture_copy.jpg**.

Realmente el código es similar al usado en ficheros de texto.

2.3 Serialización

Es posible guardar de forma persistente los objetos de Java. A la operación de convertir un objeto en bytes para su envío, a un fichero por ejemplo, se la conoce como **serialización**, que también abarca el tratamiento inverso, es decir, convertir a un objeto, la sucesión de bytes de la entrada.

Son necesarios algunos requisitos para que la serialización se pueda materializar. Uno de ellos es la **huella SHA**. Cuando el compilador de Java construye un programa, lo dota de una clave generada automáticamente, la huella SHA, que depende de las características del código y otros detalles, aunque no se muestre explícitamente. Si el programa que recoge el archivo serializado no tiene la misma huella que el que lo emitió, la operación no funcionará. Una forma simple de superar este problema, es no volver a modificarlo una vez hecha la serialización. Si no es posible, siempre se puede añadir manualmente la huella o versión a cada clase que se pretenda serializar. Es una constante que tiene la siguiente forma:

private static final long serialVersionUID = 1L;

Otro requisito imprescindible es implementar la interfaz **Serializable**. Es una interfaz sencilla ya que no contiene ningún método que sobreescribir. Su única función es indicar al compilador que la clase podría ser serializada.

Para la salida y la entrada necesitaremos una pareja de clases, como en el resto de casos anteriores, **ObjectOutputStream** y **ObjectInputStream**.

```
import java.io.*;

public class Serialization {

  public static void main(String[] args) {

    Student john = new Student("John Rambo", 23455,
                                  2000,4,6);

    Student marie = new Student("Marie Curie", 23456,
                                  1998,6,28);

    Student elliot = new Student ("Elliot Smith", 23457,
                                  1999,3,30);

    Student [] classRoom = {john,marie,elliot};
```

```
//============> OUTPUT <=============||

try {

    output = new ObjectOutputStream(new
                            FileOutputStream (
        "C:/Users/clint/Desktop/classRoom.dat"));

    output.writeObject(classRoom);

    output.close();

} catch (Exception e) {

    e.printStackTrace();

}

//============> INPUT <==============||

try {

    ObjectInputStream input = new ObjectInputStream(
                new FileInputStream(
                "C:/Users/clint/Desktop/classRoom.dat" ) ) ;

    classRoomCatched = (Student [])input.readObject();

    input.close() ;

} catch (Exception e) {

    e.printStackTrace();

}
```

```java
    //========> CHECKING OPERATION <========||

    for(Student student : classRoomCatched){

        System.out.println(student );

      }

    }

    private static ObjectOutputStream output;

    private static Student [] classRoomCatched;

}

class Student implements Serializable{

    public Student(String name, int enrolmentNumber,
                              int year, int month, int day){

        this.name = name;

        this.enrolmentNumber = enrolmentNumber;

        bornDate = year + "/" + month + "/" + day;

      }

    @Override

    public String toString(){

        return "Name: " + name + " \nEnrolment number: "
            +  enrolmentNumber + "\nBorn date: " + bornDate
            + "\n===============" ;
```

}

private final String name;

private final int enrolmentNumber;

private final String bornDate;

private static final long serialVersionUID = 1L;

}

El objeto, en nuestro caso el array classRoom de alummnos, se ha escrito en el archivo de destino con la instrucción **writeObject**() de ObjectOutputStream:

*output . **writeObject** (classRoom) ;*

Y se ha recuperado con la instrucción **readObject**() de ObjectInputStream, que vuelca el contenido en el vector de nueva creación classRoomCatched. Pero readObject() devuelve un objeto de la clase padre Object, así que es necesario realizar un casting para indicar que se trata de un array de alumnos:

*classRoomCatched = (Student []) input . **readObject**() ;*

La última parte del programa se limita a comprobar que los datos han sido capturados sin corrupción, mostrándolor por pantalla tras invocar su método **toString**(), mediante un bucle for-each.

2.4 Archivos y directorios

Podemos utilizar la clase **File** para manipulación de archivos y directorios. Es una clase muy extensa que permite multitud de operaciones, tales como crear y borrar archivos y directorios, compararlos, obtener su ruta absoluta, crear un array con el listado de los archivos que tiene y un larguísimo etcétera. Veremos aquí las más básicas con un programa de ejemplo. Es preciso señalar que desde la versión 1.7 tenemos también la clase **Files** que amplía aún más las posibilidades.

```java
import java.io.*;

public class FilesAndDir {

  public static void main(String[] args) {

    try {

      File directory = new File("MyFiles");

      System.out.println("Does the directory exist?  "
                                    + directory.exists());

      directory.mkdir();

      System.out.println("Path: " + directory.getAbsolutePath());


      File file = new File("MyFiles/file.txt");

      file.createNewFile();
```

```
    System.out.println("Does the file exist?  " + file.exists());

    System.out.println("Path: " + file.getAbsolutePath());

    file.delete();

    directory.delete();

  } catch (Exception e) {

    e.printStackTrace();

  }

 }

}
```

En primer lugar, se recomienda trabajar con direcciones relativas, de esta forma, el programa funcionará independientemente de donde se instale. Por otro lado, sólo es posible borrar un directorio si está vacío, por lo que deberemos borrar primero el archivo y luego el directorio que lo contenía. Es conveniente leer la API de estas clases para conocer las posibilidades a la hora de programar.

https://docs.oracle.com/javase/8/docs/api/java/io/File.html

https://docs.oracle.com/javase/8/docs/api/java/nio/file/Files.html

COLECCIONES

Capítulo 3

3.1 Programación genérica

Usando esta característica de Java, es posible crear clases y métodos sin tener que especificar el tipo, es decir, **en general**, para todos los objetos. Si necesitásemos usar tipos primitivos es necesario usar sus clases envoltorio. Para indicar el tipo genérico, se suelen emplear las letras **Q, T, U, V** y **K**, entre otras, que irán rodeadas de los símbolos **<>** o no según el caso.

Una clase genérica tiene la forma:

public class <T> {

}

que como podemos ver sólo se diferencia en la inclusión del tipo genérico.

También se pueden implementar métodos genéricos que **no** han de pertenecer a una clase genérica necesariamente. Una posible implementación es:

public static <T> String getField (T Field){
*   return "Your data: " + Field;*
}

Tratemos de entender el siguiente programa basado en programación genérica.

```java
public class Generic {
    public static void main(String[] args) {
        Parts <String> part = new Parts("Door");
        System.out.println(part);

        Parts <Integer> part2 = new Parts(25);
        System.out.println(part2);
    }
}

class Parts <T>{
    public Parts(T field){
        this.field = field;
    }

    @Override
    public String toString(){
        return "Basic generic class with element: " + field;
    }

    private final T field;
}
```

Compila este programa y comprueba que funciona correctamente. Nuestra clase genérica es **Parts** y como tal, lleva el tipo **T** entre corchetes angulares. Es importante darse cuenta de este detalle pues para instanciarla, en la clase principal en este caso, también hay que ponerlos:

Parts <String> part = new Parts("Door");

Parts <Integer> part2 = new Parts(25);

Por lo demás no hay ninguna diferencia con respecto a las clases normales. El funcionamiento del programa es muy básico para que se entienda como se trabaja con este tipo de implementaciones.

En la clase principal se crean dos instancias con dos tipos de datos diferentes, un tipo String y un tipo envoltorio, Integer, ya que no es posible usar tipos primitivos. La ventaja de las clases genéricas consiste precisamente en que no es preciso facilitar el tipo de dato hasta el momento de su uso.

La clase genérica sobreescribe el método **toString**() que se encarga de informar sobre su estado y guarda el dato genérico que le viene a través del constructor en su único atributo **field**.

3.2 La interfaz Collection

Todos los tipos de colecciones , excepto **Map**, heredan de la interfaz **Collection** y son a su vez interfaces:

- **Set**: Conjunto sin orden. Los elementos pertenecen o no al conjunto y no hay repeticiones.

- **List:** Elementos ordenados por un índice en el que puede haber repeticiones.

- **Queue**: Los elmentos están ordenados según una **cola** y se puede acceder al elemento del principio o al del final.

- **Map**: Los elementos están ordenados según un esquema de clave – valor. La clave no tiene porqué ser numérica. Esta estructura no hereda de la interfaz Collection.

3.3 La interfaz Set

El motivo fundamental de usar la interfaz Set es asegurar la no existencia de elementos duplicados. Algunos de los tipos que la implementan son HashSet, LinkedHashSet y TreeSet entre otros. En el siguiente enlace a la web oficial se puede encontrar toda la información:

https://docs.oracle.com/javase/8/docs/api/java/util/Set.html

Como ejemplo representativo veremos el tipo **HashSet** aplicado a una clase de coches, **Car**. El programa crea cuatro instancias de la clase Car y trata de guardarlas en el conjunto **carSet**, sin embargo el método **add**() de la clase HashSet no permite duplicados, de manera que el objeto repetido no se guardará. Pero esta característica tiene una dificultat extra de programación y es que obliga a sobreescribir los métodos **hashCode**() y **equals**() que solo funcionan adecuadamente en las clases predefinidas de Java. La mayoría de IDE's tiene la opción de sobreescribirlos automáticamente. En NetBeans, si nos situamos con el editor de texto en la clase correspondiente, hacemos clic derecho y luego seleccionamos la opción 'Insert code', se nos abrirá un menú que nos permitirá seleccionar esta operación.

También se ha sobreescrito el método **toString**() para mostrar los resultados en pantalla.

```java
import java.util.*;
public class SetCollection {
    public static void main(String[] args) {
        HashSet <Car> carSet = new HashSet<Car>();
        carSet.add(new Car("Ford","Mustang","4456GRH"));
        carSet.add(new Car("Renault","Fire","3456HLH"));
        carSet.add(new Car("Porsche","Spyder","1111SRS"));
        carSet.add(new Car("Porsche","Spyder","1111SRS"));
        Iterator <Car> it = carSet.iterator();
        System.out.println("Number of elements: " + carSet.size());
        while(it.hasNext()) System.out.println(it.next());
    }
}


class Car{
    public Car(String brand, String model, String plateNumber){
        this.brand = brand;
        this.model = model;
        this.plateNumber = plateNumber;
    }
```

```java
@Override
public String toString(){
    return brand + " " + model + " with license number " +
                                                plateNumber;
}


@Override
public int hashCode() {
    int hash = 7;
    hash = 13 * hash +this.plateNumber.hashCode();
    return hash;
}


@Override
public boolean equals(Object obj) {
    if (this == obj) {
        return true;
    }
    if (obj == null) {
        return false;
```

```
        }
        if (getClass() != obj.getClass()) {
            return false;
        }
        final Car other = (Car) obj;
        return (this.plateNumber.equals(other.plateNumber));
    }
    private final String brand;
    private final String model;
    private final String plateNumber;
}
```

Compila el programa y comprueba que el último objeto no se guarda en el conjunto.

Todas las colecciones admiten la creación de un iterador que permite recorrer todos los objetos guardados y que debe ser generado al final del programa.

```
Iterator <Car> it = carSet.iterator();
```

La ventaja del iterador consisten en usar sus métodos:

- **hasNext**() indica si existe el siguiente elemento

- **next**() avanza al siguiente elemento

- **remove**() borra el elemento actual

Guardar un nuevo objeto tras crear el iterador provocará un error de compilación. Si no queremos usar un iterador siempre es posible emplear un bucle for-each.

3.4 La interfaz List

Si se busca la posibilidad de que los elementos se ordenen y no importa que pueda haber repeticiones, además de poder acceder mediante índices, una clase derivada de la interfaz **List** es la mejor opción. Su funcionamiento es similar a un array convencional, pero no es necesario definir el número de elementos, aunque es posible hacerlo, por temas de eficiencia, si se desea. Algunas de las clases que la implementan son **ArrayList**, **LinkedList** y **CopyOnWriteArrayList,** entre otras. La información de esta interfaz y los enlaces a las clases que la implementan se encuentran en:

https://docs.oracle.com/javase/8/docs/api/java/util/List.html

Tomaremos un ArrayList como tipo representativo. Su gran ventaja consiste en la libertad de crear un array sin la obligación de especificar la cantidad de elementos. Su declaración tiene el siguiente aspecto:

ArrayList <String> vector = new ArrayLIst();

Aunque no es preciso, otros autores incluyen los corchetes angulares y el tipo en la declaración de esta manera:

ArrayList <String> vector = new ArrayLIst<String>();

A partir de la declaración, si observamos la API en Internet:

https://docs.oracle.com/en/java/javase/11/docs/api/java.base/java/util/ArrayList.html

veremos que tiene multitud de métodos, entre ellos:

- **add**(), que añade un elemento al final de la lista

- **remove**(), que elimina un elemento dado su índice

- **get**(), que devuelve un elemento, dado su índice

- **set**(), que sustituye un elemento en el índice dado

- **size**(), que da el tamaño del ArrayList

- **iterator**(), que devuelve un iterador sobre los elementos

Es necesario aclarar sobre los métodos anteriores, que el índice del primer elemento es cero, de la misma forma que lo tienen los arrays convencionales.

Por otro lado, sólo debe declararse el iterador tras haber añadido todos los elementos, porque nos saldrá un error de compilación si añadimos un elemento después.

Aun así, no es necesario usar específicamente un iterador, también es posible emplear un bucle for-each. La ventaja del iterador consiste en poder usar sus métodos **next**(), **hasNext**() y **remove**().

Un ejemplo de aplicación podría ser el siguiente:

```
import java.util.*;

public class Arraylist {

  public static void main(String[] args) {

    ArrayList <String> names = new ArrayList();

    names.add("Rose");

    names.add("John");

    names.add("Sarah");

    Iterator <String> index = names.iterator();

    while(index.hasNext()) System.out.println(index.next());

    names.set(1, "Robert");

    System.out.println("Element 1 is: " + names.get(1));

    System.out.println("The array size is: " + names.size());

  }

}
```

3.5 La interfaz Queue

Corresponde al símil de una cola de personas, más conocido en el mundo de la informática como FIFO, First Input -> First Output. También se puede implementar el símil de una pila de platos, o LIFO, Last Input -> First Output. Algunas de las clases que implementan la interfaz **Queue** son **ArrayDeque**, **DelayQueue** y **PriorityQueue.** La información de esta interfaz se puede encontrar aquí:

https://docs.oracle.com/javase/8/docs/api/java/util/Queue.html

Nosotros usaremos como ejemplo el tipo **ArrayDeque**, que es posible usar como FIFO o como LIFO, según los métodos que usemos. Podemos encontrar la información aquí:

https://docs.oracle.com/javase/8/docs/api/java/util/ArrayDeque.html

```
import java.util.*;

public class QueueCollection {

  public static void main(String[] args) {

    System.out.println("====> FIFO or Queue <====");

    ArrayDeque <Car> carQueue = new ArrayDeque<Car>();

    carQueue.add(new Car("Ford","Mustang","4456GRH"));

    System.out.println("Adding Ford Mustang");

    carQueue.add(new Car("Porsche","Spyder","1111SRS"));
```

```
System.out.println("Adding Porsche Spyder");

carQueue.add(new Car("Porsche","Spyder","1111SRS"));

System.out.println("Adding Porsche Spyder");

carQueue.add(new Car("Renault","Fire","3456HLH"));

System.out.println("Adding Adding Renault Fire");

while ( ! carQueue.isEmpty ( ) ) {

    System.out.println("Polling: " + carQueue.poll()+ " Size: "
                            + carQueue.size());

}

System.out.println("====> LIFO or Stack <====");

ArrayDeque <Car> carQueue2 = new ArrayDeque<Car>();

carQueue2.push(new Car("Ford","Mustang","4456GRH"));

System.out.println("Pushing Ford Mustang");

carQueue2.push(new Car("Porsche","Spyder","1111SRS"));

System.out.println("Pushing Porsche Spyder");

carQueue2.push(new Car("Porsche","Spyder","1111SRS"));

System.out.println("Pushing Porsche Spyder");

carQueue2.push(new Car("Renault","Fire","3456HLH"));

System.out.println("Pushing Renault Fire");
```

```java
    while(!carQueue2.isEmpty()){
        System.out.println("Popping: " + carQueue2.pop()
                            + " Size: " + carQueue2.size());
    }
  }
}


class Car{
    public Car(String brand, String model, String plateNumber){
        this.brand = brand;
        this.model = model;
        this.plateNumber = plateNumber;
    }
    @Override
    public String toString(){
        return brand + " " + model + " with license number "
                                    + plateNumber;
    }
```

```java
@Override
    public int hashCode() {
        int hash = 7;
        hash = 13 * hash +this.plateNumber.hashCode();
        return hash;
    }


    @Override
    public boolean equals(Object obj) {
        if (this == obj) {
            return true;
        }
        if (obj == null) {
            return false;
        }
        if (getClass() != obj.getClass()) {
            return false;
        }
        final Car other = (Car) obj;
        return (this.plateNumber.equals(other.plateNumber));
```

```
    }

    private final String brand;

    private final String model;

    private final String plateNumber;


}
```

Compila el programa y comprueba como funcionan adecuadamente tanto la cola como la pila. Para la cola se han usado los métodos **add**() que añade elementos por el final y **poll**() que extrae el elemento de cabeza. Para la pila se han utilizado los clásicos **push**(), que inserta un elemento y **pop()** que lo extrae.

Se ha reutilizado la clase Car que ya se empleó para el ejemplo del tipo HashSet. Pero a diferencia del conjunto, el tipo Queue acepta duplicados que habremos comprobado al compilar el programa.

3.6 La interfaz Map

La interfaz Map se basa en la relación clave-valor. En la API online, puede obtenerse toda la información:

https://docs.oracle.com/javase/8/docs/api/java/util/Map.html

La interfaz se representa como un binomio de tipos genéricos:

$$Map < K, V >$$

donde la **K** corresponde a la clave y la **V** al valor, pudiendo ser ambos de cualquier tipo que acepte un genérico. La clave debe ser distinta para cada valor, ya que la forma de sobreescribir un registro pasa precisamente por usar la misma clave.

Algunas de las clases que implementan la interfaz Map son HashMap, LinkedHashMap y TreeMap entre otras. Nosotros usaremos como ejemplo la clase **HashMap**, que no permite ordenación pero es muy eficiente. Su enlace en la API es el siguiente:

https://docs.oracle.com/javase/8/docs/api/java/util/HashMap.html

De la misma forma que hemos actuado en los apartados anteriores, reutilizaremos la clase Car, pero como archivo separado **Car.java**, que no reflejaremos aquí, de nuevo, para no alargar el código de forma innecesaria.

El método habitual para insertar registros es **put**(key, value), mientras que para eliminarlos se puede usar **remove**(key). Pondremos el número de matrícula como campo clave para nuestros elementos.

```java
package mapcollection;

import java.util.*;

public class MapCollection {

    public static void main(String[] args) {

        HashMap<String,Car> garage = new HashMap();

        garage.put("4456GRH", new Car("Ford",
                            "Mustang","4456GRH"));

        garage.put("1111SRS", new Car("Porsche",
                            "Spyder","1111SRS"));

        garage.put("3456HLH", new Car("Renault",
                            "Fire","3456HLH"));

        System.out.println(garage);

        //Getting

        System.out.println("Getting Key 4456GRH: "
                            + garage.get("4456GRH"));

        //Overwriting

        garage.put("3456HLH", new Car("Mercedes",
                            "CL300","3456HLH"));

        //Removing

        garage.remove("4456GRH");

        System.out.println("After overwriting and removing: \n" +
                            garage); } }
```

PROGRAMACIÓN CONCURRENTE

Capítulo 4

Actualmente los equipos informáticos, móviles, tablets, etc, son multitarea, es decir, se pueden estar ejecutando a la vez varios **procesos**, que son fragmentos de aplicaciones, en la CPU, que también es multinucleo. A su vez, cada proceso puede tener varios **hilos** de ejecución a la vez. De esto trata la programación concurrente que en Java se maneja a través de su clase **Thread**.

https://docs.oracle.com/en/java/javase/11/docs/api/java.base/java/lang/Thread.html

Según nos dice la propia API, hay dos formas de crear un nuevo hilo de ejecución:

- Declarar una clase que herede de Thread y que sobreescriba el método run(), que alojará el código concurrente. Una instancia de esta clase podrá ser ejecutada con el método **start**().

- Declarar una clase que implemente la interfaz Runnable y que sobreescribirá el método **run**(). Una instancia de esta clase se le pasará como argumento al constructor de Thread que usará el método **start**() para ejecutarse.

Usando la segunda opción se ha escrito el código que viene a continuación. Se trata de un cronómetro muy simple, y de poca precisión, bajo Swing, del que se pueden crear tantos hilos como se quiera mediante el botón 'New thread'. El botón 'Exit' sale del programa. Cada hilo, es decir, cada cronómetro, es una etiqueta que se añade al panel Norte de la ventana y es a su vez una instancia de la clase **Display** que se crea desde el evento del botón 'New thread'.

```java
import java.awt.BorderLayout;
import java.awt.event.*;
import javax.swing.*;

public class ChronoThreads{
    public static void main(String[] args) {
        JFrame frame = new JFrame("Concurrent Programming");
        frame.setBounds(200,200,400,150);
        frame.setDefaultCloseOperation(JFrame.EXIT_ON_CLOSE);
        JPanel panel = new JPanel(new BorderLayout());
        JPanel panelNorth = new JPanel();
        JPanel panelSouth = new JPanel();
        JButton start = new JButton("New thread");
        start.addActionListener(new ActionListener(){
            @Override
            public void actionPerformed(ActionEvent e){
                Thread thread = new Thread(new Display
                                    (panelNorth,threadOrder));
                thread.start();
                threadOrder++;
```

```java
        }
    });
    JButton quit = new JButton("Exit");
    quit.addActionListener(new ActionListener(){
        @Override
        public void actionPerformed(ActionEvent e){
            System.exit(0);
        }
    });

    panelSouth.add(start);
    panelSouth.add(quit);
    panel.add(panelNorth,BorderLayout.NORTH);
    panel.add(panelSouth,BorderLayout.SOUTH);
    frame.add(panel);
    frame.setVisible(true);
}
public static int threadOrder = 1;
}
```

```
class Display implements Runnable{
    public Display(JPanel panel, int threadOrder){
        label = new JLabel();
        panel.add(label);
        this.threadOrder = threadOrder;
    }
    @Override
    public void run() {
        int seconds = 0;
        int minutes = 0;
        while(seconds < 61){
            try {
                label.setText("T" + threadOrder + " " + minutes
                                            + ":" + seconds);

                Thread.sleep(1000);
                if (seconds>58){
                    seconds = 0;
                    minutes++;
                }
                else seconds++;
```

```
        } catch (InterruptedException ex) {

            ex.printStackTrace();

        }

    }

}

    private final JLabel label;

    private final int threadOrder;

}
```

La clase **Display** implementa la interfaz **Runnable** y sobreescribe el método **run**() que contiene todo el código de cada nuevo hilo. El evento del botón **start** ejecuta precisamente el método **start**() que será el que mueva **run**() para cada hilo.

```
start.addActionListener(new ActionListener(){

        @Override

        public void actionPerformed(ActionEvent e){

                Thread thread = new Thread(new Display
                                (panelNorth,threadOrder));

                thread.start();

                threadOrder++;

        }

});
```

Botón start y método start() no interfieren entre sí a pesar de llamarse del mismo modo.

Es necesario ahora hablar de **sincronización** aunque en nuestro ejemplo no haya sido necesario. Si varios hilos a la vez se ponen a hacer operaciones a los mismos objetos, unos entrarán antes que otros y los resultados finales pueden llegar a ser muy diferentes a los deseados. La solución más simple pasa por usar la palabra reservada **synchronized** en aquel método en el que varios hilos necesiten interactuar. Dicho método deberá establecer una única condición y si no se cumple el hilo correspondiente encontrará el método **wait()** de la clase padre java.lang.Object. que le obligará a esperar una condición favorable. A cada hilo finalizado, se lanza el método **notifyAll()** también de Object, a todos los hilos, para que otro hilo que cumpla la condición pueda entrar.

En el caso de una gasolinera puede ocurrir que un automóvil no reposte hasta después de que llegue el camión cisterna si no queda suficiente combustible. El método repostar quedaría así:

```
public synchronized void refuel( ) {

    if ( stationTank <  carTank ) {

        wait( ) ;

    }

    else stationTank - = carTank ;

    notifyAll ( ) ;

}
```

Si es necesaria más de una condición nos veremos obligados a emplear la clase **ReentrantLock** perteneciente al paquete java.util.concurrent.locks.

https://docs.oracle.com/javase/8/docs/api/java/util/concurrent/locks/ReentrantLock.html

Los métodos **lock**() al comienzo y **unlock**() dentro de una cláusula **finally** al final del bloque, controlan el tráfico de hilos. Si se necesitan mas condiciones se pueden añadir mediante el método **newCondition**().

EL ARCHIVO JAR

Capítulo 5

La forma de distribuir una aplicación de Java es mediante un archivo comprimido que puede o no ser ejecutable. Este archivo debe contener todo el código de nuestra aplicación, algunos archivos adicionales y además con extensión **.jar** que viene de la contracción de **Ja**va **ar**chive.

Si fuese necesario acceder a los archivos albergados en su interior, puede hacerse como si de un archivo Zip se tratase, usando sus mismos programas tales como winzip, winrar y similares.

Cuando el archivo jar proceda de una aplicación funcional, se generará usando la opción: "Clean and build project" del menú **Run** de NetBeans. La consola de salida nos informará del directorio donde se ha guardado.

La forma de ejecutarlo es bien mediante doble click sobre el archivo usando el explorador de windows o bien mediante la consola de sistema. Con esta segunda opción deberemos navegar hasta el archivo jar y una vez allí ejecutar el comando:

java -jar myProgram.jar

que debería arrancar el programa. Sin embargo, si has elegido Maven para tu projecto en lugar de Ant en NetBeans, suele salir el error por consola:

"no main manifest attribute"

Mediante doble click, el programa simplemente no arranca. En este caso deberemos decir a Java Runtime Environment (JRE) donde está la clase principal y la forma de conseguirlo es editando el archivo **pom.xml** antes de compilar. Usando NetBeans, lo encontraremos en el dock **Projects** dentro de la carpeta "Project Files". Si no tenemos el dock abierto podremos hacerlo desde el menú principal **Window** y la opción **Projects**, o bien con la combinación de teclas Ctrl + 1. Este es el código que deberemos introducir entre la etiqueta *</properties>* y la etiqueta *</project>* Por favor <u>no repetir</u> esas etiquetas:

```
</properties>

  <build>

    <plugins>

      <plugin>

        <groupId>org.apache.maven.plugins</groupId>

        <artifactId>maven-jar-plugin</artifactId>

        <version>3.1.0</version>

        <configuration>

          <archive>

            <manifest>
```

```xml
<!-- give full qualified name of your main class-->
<mainClass>com.chronothreads.ChronoThreads</mainClass>
        </manifest>
        </archive>
        </configuration>
      </plugin>
    </plugins>
  </build>
</project>
```

Si una vez hemos modificado el archivo pom.xml, colocando el **paquete.claseprincipal** dentro de las etiquetas mainClass compilamos el conjunto, conseguiremos finalmente un jar ejecutable y funcional en Maven.

Ejercicio.

Crea el archivo jar del programa del capítulo 4. Comprueba que funciona desde la consola de Windows ejecutando el comando explicado anteriormente. Ejecútalo también mediante doble click en el directorio de trabajo de NetBeans. Copia y pega nuestro ejecutable jar en el escritorio. Ejecútalo desde ahí para ver como su funcionamiento es independiente de su ubicación.

LA EXPRESIÓN LAMBDA

Capítulo 6

A partir de la versión 8 de Java aparece un nuevo tipo de expresión, la expresión lambda o closure. Esta expresión nace del modelo de programación **funcional**, es decir, basado en funciones, a diferencia del modelo más conocido de programación estructurada. Sin embargo pueden convivir ambos modelos dentro del mismo programa, o realizar el programa entero mediante programación funciona, ya que Java tiene soporte para ello, pero la dejaremos de lado, porque podría escribirse un voluminoso tomo sobre ella.

El closure implementa un método abstracto en una Interfaz **funcional**, que es aquella que tiene un único método abstracto. La sintaxis es:

$$(\text{parámetros}) \rightarrow \{ \text{cuerpo} \}$$

- El operador lambda, **->** , separa los parámetros del cuerpo de la función.

- Parámetros. Puede haber sólo uno y en este caso no se necesitan los paréntesis o más, separados por comas y también ninguno, entre paréntesis en ambos casos.

- Cuerpo. Si está formado por una única sentencia, no es necesario el empleo de llaves ni la cláusula *return*.

Un ejemplo básico en un solo archivo podría ser el siguiente:

```java
package lambdaexpression;

public class LambdaExpression {
    public static void main(String[] args) {
        Operation addition = (a,b)->a + b;
        System.out.println(addition.operation(5, 3));
        Operation substraction = (a,b)->{
            System.out.println(a + " - " + b + " = " + (a - b));
            return 0;
        };
        substraction.operation(5, 3);
    }
}


@FunctionalInterface
interface Operation {
    int operation(int a, int b);
}
```

Recapitulando sobre la parte 2 de esta colección, decíamos que una interfaz <u>no puede ser instanciada</u>, pero sí permite ser implementada por una clase anónima. La expresión lambda es equivalente a una clase anónima y también acepta su implementación.

Si observamos la interfaz al final del código, veremos que empieza por la cláusula @FunctionalInterface. No lleva la palabra reservada 'public' porque está en el mismo archivo que la clase principal y en su cuerpo solo se ha declarado un único método abstracto por definición de interfaz funcional.

En la clase principal se crean dos objetos de la interfaz. addition muestra lo más simple que es posible hacer, mientras que substraction añade más sentencias, sin mucho valor didáctico, a su cuerpo lambda. Pero, como en la implementación de cualquier clase, se puede complicar el código tanto como sea necesario para nuestra aplicación.

Ejercicio.

Crea, usando Swing, una aplicación que pulsando un botón, aparezca en una etiqueta el texto: "I'm using lambda expressions". Convierte en una expresión lambda la clase anónima que maneja el evento del botón.

En la tercera parte de esta colección tienes bien explicado como codificar elementos Swing por si no lo recuerdas o no dominas esta materia.

SOLUCIONES

Capítulo 7

Ejercicio 1.5

Modifica el último programa del apartado 1.1, el que ya tiene un bloque try-catch-finally, creando una nueva clase de excepción que llamaremos **WrongFormatException** y que debe controlar que el nombre de usuario esté comprendido entre 4 y 10 caracteres. También controlará que el número de identificación, además de la extensión de 6 cifras, no sea ni par ni número primo.

```
import java.io.*;

public class Exercise1_5 {

  public static void main(String[] args) {

    BufferedReader input = new BufferedReader(new
                      InputStreamReader(System.in));

    System.out.print("Insert your user name: ");

    try{

      tempName = input.readLine();

      System.out.print("\nInsert your document number: ");

      setID(Integer.parseInt(input.readLine()),tempName);

    }
```

```java
    catch(Exception e){
        System.out.println("Error found!!!! " + e);
    }
    finally{
        System.out.println("\nYour data are:\n"
            +  "\tUser: " + Name
            + "\tID: " + Id +"\n");
    }
}


public static void setID (int id,String name)throws
                                WrongFormatException{
    if( id < 100000 || id >999999 )
        throw new WrongFormatException("The document
                        doesn't have 6 digits");
    else if(id % 2 == 0 || isPrime(id) )
            throw new WrongFormatException("The
                document number is prime or even");
    else if (name.length()<4 || name.length()>10)
            throw new WrongFormatException("The number
                of characters in the name must be between 4 and
                                            10");
```

```java
        else{
            Id = id;
            Name = name;
        }
    }
    public static boolean isPrime (int id){
        boolean prime = true;
        for ( int i = 3; i<id; i++){
            if ( id % i == 0) prime = false;
        }
        return prime;
    }
    private static String Name, tempName;
    private static int Id;
}
class WrongFormatException extends Exception{
    public WrongFormatException(String message){
        super(message);
    }
}
```

Ejercicio capítulo 6.

Crea, usando Swing, una aplicación que pulsando un botón, aparezca en una etiqueta el texto: "I'm using lambda expressions". Convierte en una expresión lambda la clase anónima que maneja el evento del botón.

```
import java.awt.event.*;

import javax.swing.*;


public class Exercise6 {

    public static void main(String[] args) {

        JFrame window = new JFrame("Lambda expression");

        window.setDefaultCloseOperation(JFrame.EXIT_ON_CLOSE);

        window.setBounds(500, 300, 500, 100);

        JLabel label = new JLabel("Push the button");

        JButton button = new JButton("Push");
//=============================================

        button.addActionListener ( ( ActionEvent e) -> {

            label.setText( " I'm using Lambda Expressions" ) ;

        } ) ;
//=============================================

        JPanel panel = new JPanel();
```

```
panel.add(label);

panel.add(button);

window.add(panel);

window.setVisible(true);

   }

}
```

El único interés de este programa es la parte del manejo del evento del botón. En caso de no usar una expresión lambda, el código, también funcional, habría sido:

```
button.addActionListener ( new ActionListener ( ) {

      @Override

      public void actionPerformed(ActionEvent e){

         label.setText ( " I'm using Lambda Expressions " ) ;

      }

   } ) ;
```